探索发现科普知识
——系列丛书——

人类的秘密

张　俊◎主编

团结出版社

图书在版编目（CIP）数据

人类的秘密 / 张俊主编 . -- 北京 : 团结出版社 ,2024.3
（探索发现科普知识系列丛书）

ISBN 978-7-5234-0862-9

Ⅰ . ①人… Ⅱ . ①张… Ⅲ . ①人类学—青少年读物
Ⅳ . ① Q98-49

中国国家版本馆 CIP 数据核字 (2024) 第 055289 号

出　　版：团结出版社
　　　　　（北京市东城区东皇城根南街84号　邮编：100006）
电　　话：（010）65228880 65244790
网　　址：http://www.tjpress.com
E-mail：zb65244790@vip.163.com
经　　销：全国新华书店
印　　装：三河市龙大印装有限公司

开　　本：170mm×240mm　16开
印　　张：6
字　　数：70千字
版　　次：2024年3月第1版
印　　次：2024年3月第1次印刷

书　　号：978-7-5234-0862-9
定　　价：215.00元（全12册）

前言
PREFACE

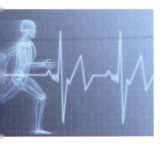

　　地球上的万物都有其形成的原因和过程。人类的出现是地球生态继植物、动物产生之后的又一大巨变。

　　人类在进化的过程中从直立行走到大脑智力的开发运用，在实践中不断积累知识，开始拥有语言、自我意识及解决问题的能力，并创造了复杂的社会结构，成为地球上有史以来已知生物中最具智慧的生物。

　　现在，人类是地球上居于统治地位的物种。对于人类永恒不变的就是，生命开始于一颗受精卵，其在每个阶段的成长，都需要食物和水，需要睡觉，会生病，也会死亡。在这生老病死的过程深深地隐藏着有关人类的秘密。

目录
CONTENTS

part 1　我们从哪儿来——人类起源

part 2 看得见的奇迹——生命科学

part 3 成长秘籍——人体奥秘

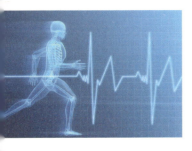

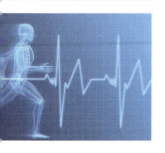

part 4　与生俱来——身体的反应

part 5　未解之谜——特殊的人体

part 1

我们从哪儿来——人类起源

宇宙大爆炸是怎么回事?

　　追溯人类的起源，就必须从地球上出现生物以及生物的演化开始，而这就要我们先知道地球的形成。据宇宙学家估计，宇宙的年龄是150亿~200亿年。按照现代人们公认的宇宙大爆炸理论，在距今150亿~200亿年，宇宙的物质都高度密集在一点，这一点被称为奇点。奇点被描绘成体积为零、时间停顿的"点"，其本身是一个无限大与无限小相结合的矛盾体，它的形成是一个万古之谜。

　　奇点有着极高的温度，因而发生了巨大的爆炸，时间和空间也从此开始。

　　爆炸之初，物质只能以中子、质子、电子、光子和中微子等基本粒子形态存在。宇宙爆炸之后体积不断膨胀，导致温度和密度很快

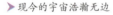
▶现今的宇宙浩瀚无边

▶宇宙空间存在着形态各异的天体

下降。随着温度降低，逐步形成了原子、分子，并复合成为通常的气体。气体逐渐凝聚成星云，星云进一步形成各种各样的恒星和星系，最终形成我们现在所看到的宇宙。

现今我们居住的地球只是太阳系八大行星中的一个，而太阳系只是银河系中的一个星系，宇宙中有几千万个类似银河系的星系。宇宙大爆炸开启了宇宙的生命，开启了其庞大家族的历史，我们生存的地球只是宇宙家族中很小很小的一个星球。

知识链接

时 空

时空是四维的，是时间和空间的统称。近代物理学认为，时间和空间不是独立的、绝对的，而是相互关联的、可变的，它们任何一方的变化都包含着对方的变化，时间存在于空间，空间存在于时间。

地球有多少岁了？

地球是太阳系八大行星之一，按距太阳由近及远的次序排列为第三颗。地球也是太阳系中直径、质量和密度排列第三的类地行星。地球每天以每秒465米的速度自转，自转的同时还在围绕太阳公转。

▶ 地球

目前，地球是人类所知宇宙中唯一存在生命的天体，是上亿种生物的家园。按照科学界流传比较广的观点来说，原始地球大概在太阳系形成约5000万年后诞生，距今已有约46亿年的历史了。

▶ 地球是太阳系八大行星之一，从太空中观望，蔚蓝色的地球十分美丽

地球是如何诞生的？

对于地球的诞生，在科学不发达的古代，每个民族有每个民族的认识。早在中国古代就有盘古开天辟地的神话，而在国外则流行着上帝创造太阳、地球的言论。直到18世纪，人们才开始科学地探索地球的起源。

今天，依据对地球古老地质的研究，地球的起源论可分为三派：

1.灾变说。灾变说认为是另外一颗恒星碰到太阳，碰出了物质，这些碰出的物质形成了行星。有人认为，太阳曾经出现过规模巨大的变动，例如太阳的自转速度变快，由一个恒星分裂为两个恒星，后来因为某种原因，其中一个恒星离开了，离开时所留下的物质形成行星。

也有人认为，太阳原来是一对双星，其中一颗子星被另外靠近的一颗大星拉走了或俘获了。在子星被拉走或俘获时，所留下来的物质就形成了太阳系的行星。

▶通过红移现象可知我们的宇宙正在膨胀

▶太阳是地球上生物获得能量的主要源泉

而有人则认为，太阳的伴星爆发成超新星，留下的物质形成了行星。另外，还有的观点认为，是太阳自身抛射出来的物质形成了行星。

　　2.俘获说。这一学派的共同看法认为，是太阳先形成的。太阳形成后，俘获了周围的或宇宙空间里的其他星际物质，而由这些物质形成了行星。

　　3.共同形成说。形形色色的各类星云说都属于这一学派。在这一学派中，尽管各学者对太阳系内的星球形成和自转及公转有各自的见解，但他们都一致认为太阳系是由一个原始星云逐渐演化而形成的，或者说形成行星的物质来源于太阳或与太阳有关的其他星球。

　　此外，关于地球的起源学说还有很多，但是地球到底是怎样起源的，现在还没有定论，仍需继续探索。

原始生命是如何出现的？

原始生命的出现是伴随着地球的原子演化过程而出现的。地壳内部大量放射性元素进行裂变和衰变。这个过程所释放能量的积聚和迸发，陨星对地表的频繁撞击，以及可能由于月球被地球捕获时而引起的潮汐力等，都会

▶ 海洋生物化石

导致地壳的强烈活动，使得被禁锢在地壳内部的挥发性物质不断喷发出来，形成一个主要由水、一氧化碳、二氧化碳和氮等组成的还原大气圈。水蒸气冷凝后，则在低处汇聚成为海洋。

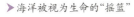

▶ 海洋被视为生命的"摇篮"

早期的地表环境没有氧气，更没有臭氧层，这就使得高能紫外线能够无阻碍地直射地面。一系列的人工模拟实验证实，在高能紫外线辐射下还原大气圈的气体成分可以合成简单的有机化合物，成为生命发生的最基本材料。这些非生物合成的有机小分子在原始海洋中汇聚起来，经历了漫长的过程，逐渐形成生命前体，最后演化为原始生命。因此，海洋被称为生命的摇篮。

现在找到的最早的化石，是出现在南非的球状和杆状结构细菌的化石，经研究已确定这是35亿年前的化石。所以，有科学家估计，生命起源的化学进化距今约40亿年，在30多亿年以前开始出现原核生物，在10多亿年以前才出现了真核生物。

▶ 大海孕育了最原始的生命

生命物质有什么重要特征?

人类是如何定义生命物质的呢?

1.生命物质可以从环境中吸收自己生活过程中所需要的物质,排放出自己生活过程中不需要的物质。这个过程,叫作新陈代谢。

2.生命物质可以繁殖后代。任何有生命的个体,不管它们的繁殖形式有何不同,它们都具有繁殖新个体的本领。

3.有遗传能力。能把上一代生命个体的特性传递给下一代,使下一代的新个体能够与上一代个体具有相同或者相近的特性。

原始生命出现之后,地球上的生命物体就出现了无限的可能。

▶ 蓝藻属于原核生物,是最简单、最原始的藻类

人类起源于哪里？

随着猿类的出现、发展，原始人类开始出现了，但关于人类起源的地区，还存在一定的争议，历史上有以下五种说法。

第一，西欧起源说。有学者认为，欧洲发现的人类遗迹特别多，在1823～1925年的102年中，西欧发现属于旧石器时代及新石器时代的人类遗迹不下116件，属于旧石器之后、新石器之前的人遗骨达236件，两者合计达352件之多。而在亚洲，只有1891年在爪哇发现的爪哇猿人遗迹，直至1927年北京猿人才开始被发掘，当时所得不多。至于非、美洲更无新发现。

第二，北亚起源说。有学者认为，因纽特人实为北方最早出现的人种，并提出因北方冰河所迫原始民族南迁的理论。

第三，中亚起源说。持此观点的学者认为，中亚文明发现极早

▶欧洲、亚洲与非洲被认为是人类起源之地

的区域，西边有加尔提、小亚细亚、埃及等古文明区，东边有中国古文明区，在史前时代、古典时代以及中世纪有许多民族从这些地方涌出，东北经过阿拉斯加入北美及南美洲，东南则经马来西亚入澳洲。

第四，亚洲起源说。第一个提出人类起源于亚洲的人，是德国的胚胎学家和进化论者海克尔。此外，曾担任纽约美国自然博物馆馆长的奥斯本也是亚洲起源说的拥护者。奥斯本认为，亚洲位于其他大洲的中央，是各大类哺乳动物起源的地方，有着详细的气候变化记录，特别是中亚高原，南面喜马拉雅山的升高，会造成中亚干燥的时期。这种环境的变化，迫使高等灵长类适应新的环境，结果促成人类的起源。

第五，非洲起源说。自20世纪起，非洲发现了许多不同时期的人类化石。1924年，汤恩在南非发现了南方古猿的化石，以后在南非的其他几个地方和东非的不少地区，发现了多件南方古猿类的化石。它们的形态比猿人（直立人）更为原始，年代比猿人更早，因而确立了人类起源于非洲的论点。相对于其他说法，非洲起源说得到了学术界较为一致的认可。

知识链接

旧石器时代

旧石器时代，即以使用打制石器为标志的人类物质文化发展阶段。从距今约300万年开始，延续到距今1万年左右止。

人类的发展经历了哪几个阶段？

从距今181万年前至今的时间被称为第四纪，是最新的一个纪。生物界在此纪最接近于现代，尤其是哺乳动物在这一纪进化最为明显。而人类就在这一纪出现了。

人类的发展主要经历了以下几个阶段：

1.早期猿人阶段（距今约300万～约150万年）：能人在东非坦桑尼亚出现，是早期猿人化石代表。能人是介于南方古猿和猿人的中间类型。

2.晚期猿人阶段（距今约150万～20万年）：晚期猿人从非洲扩散到中国、爪哇，最著名的代表是北京猿人（距今约70万～23万年）和爪哇猿人。

猿人被认为是人类的直接祖先，具有人和猿的两重生理构造特征，他们已经能制造石器，是最早能制造工具的人。

3.早期智人阶段（距今约20万年～5万年）：智人在非洲出现并迁移到欧洲。智人是地球上现今全体人类的一个共有名称。

▶能够"站"起来直立行走是人类出现的标志之一

4.晚期智人（新人）阶段（距今4万～1万年）：晚期智人在非洲南部出现。

在更新世晚期，距今3万～2万年，人类通过白令陆桥进入北美洲并向南迁移。

进入全新世后，现代人分布在除南极洲以外的各个大陆，并且成为唯一生存至今的人科动物。

知识链接

北京猿人

北京猿人，现在科学上常称之为"北京直立人"。北京猿人生活在距今约70万～23万年，遗址发现地位于北京西南房山周口店龙骨山。

劳动对人类进化有什么作用？

既然已知道了人类的发祥地，那人类是如何出现在这块土地上，又是什么原因促使着人类不断进化，最终成了真正的人的呢？

对于人类如何起源，有很多传说和争论。目前，得到较为一致认可的是劳动起源说。

▶在劳动中，人类逐渐学会了制造并使用工具。图为旧石器时代的骨锥

1876年，德国思想家、哲学家恩格斯写了《劳动在从猿到人转变过程中的作用》一文，指出人类从动物状态中脱离出来的根本原因是劳动，人和动物的本质区别也是劳动。恩格斯在文中论述了从猿到人的转变过程：古代的类人猿最初成

群地生活在热带和亚热带森林中的树上，后来一部分古猿为寻找食物下到地面活动，逐渐学会用两脚直立行走，前肢则解放出来，并能使用石块或木棒等工具，最后发展到用手制造工具。与此同时，在体质上，包括大脑都得到相应的发展，出现了人类的各种特征。在使用工具的劳动中，他们开始萌发了意识，产生了语言，完成了从猿到人的转变。由此，劳动创造人类的科学理论被提出。

另外，还有人认为，自然灾害在人类进化中也起到非常重要的作用。他们认为，正是由于气候变化，使森林地区逐渐稀疏和缩减，树丛间出现了空地，才为森林古猿提供了到地面上活动的条件，猿类才完成了从树居生活向地面生活的过渡，才能开始劳动，并学会制造和使用工具。

其实，人类的进化并不是任何单一原因的促使，而是由多种因素共同作用的结果。从古猿的进化来看，自然气候和劳动都在其进化中起到了一定的促进作用。随着科学技术的进步和化石材料不断被发现，相信人们对人类起源的认识还在不断深化。

▶新石器时代的陶器

人类是现今生物进化的螺旋桨?

我们说人类是万物之灵，那人类已是生物进化的最高峰了吗?

在生物学中，进化是指种群里的遗传性状在世代之间的变化。自然选择能使有利于生存与繁殖的遗传性状变得更为普遍，并使有害的性状变得更为稀少。经过许多世代之后，自然选择挑出了最适合所处环境的变异，使物种的自然适应得以发生。所以，进化只是为了适应

▶ 为了生存，各物种都会做出适应自然环境的改变

环境而进行的变化，只要是现今仍存在于世界上的物种，都可以认为是成功进化的物种，只不过人类与其他物种相比，具有更丰富的智慧而已。

然而，进化不是一时之事，不是十几年、几十年就可以显现的，进化是十分漫长的过程，可能持续几万年，也可能持续几百万年。所以，从进化角度来讲，没有最高峰，有的是永恒的变化与适应的斗争。

知识链接

自然选择

自然选择指生物在生存斗争中适者生存、不适者被淘汰的现象。自然选择学说最初是由查理·罗伯特·达尔文提出的。按照达尔文的观点，自然选择不过是生物与自然环境相互作用的结果。从进化的观点看，能生存下来的个体不一定就是最适者，只有生存下来并留下众多后代的个体才是最适者。

人类还在继续进化吗？

以今天人类创造的文明来看，人类已是地球上有史以来最具智慧的生物，也是地球目前居于统治者地位的物种。但人类就此停步不前了吗？

我们知道，进化是物种为了适应环境而进行的改变，所以只要环境在变化，物种就会进行相应的改变，人类亦是如此。美国芝加哥大学的一项研究显示，人类的进化过程仍在继续。而通过分析人类基因组，科学家也称，他们已经发现人类在过去1万年间继续进化带来的700处有益的基因变异。

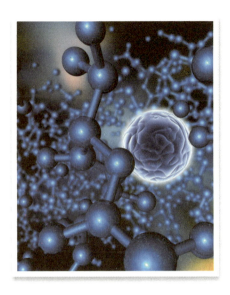

▶ 基因变异使物种进化得以实现

研究者分析了209个人的基因数据，其中包括89个东亚人、60个欧洲人及60个尼日利亚人。结果，在不同的人种中，发现了几乎相同数量的新的进化迹象。一个典型的例子是，约90%的欧洲人出现了与乳糖分解酶相关的基因变异——这种变异使得人能够消化牛奶。研究者推测，如果选择的压力一直保持下去，大概数千年后人人都将拥有这种基因。

从最广义的角度来说，一个物种的基因库在一段时间内发生的任何变化，都可以称为进化。从这个意义上说，人类还在继续进化。不仅是人类，所有物种，甚至通过克隆繁殖出来的生命都在不断进化——因为一段时间后，随机的突变必然会使脱氧核糖核酸（DNA）发生变化。而在同一物种内，个体的繁殖能力必定有高有低，通过几代的繁殖，那些繁殖能力高的基因就被扩散开来，而繁殖能力低的基因则被无情地减少，甚至被淘汰。

达尔文进化论的主要内容是什么？

对所有生物的进化问题，都是根据英国生物学家查理·罗伯特·达尔文的进化论思想而形成的。1859年，达尔文出版了《物种起源》一书，在书中他阐述了生物从低级到高级、从简单到复杂的发展规律。达尔文认为，物种的形成及其适应性和多样性主要在于自然选择，生物为适应自然环境和彼此竞争而不断发生变异。适于生存的变异，通过遗传而逐代加强，反之则被淘汰，归纳起来就是：物竞天择，适者生存，优胜劣汰。

1871年，达尔文出版了《人类起源及性选择》一书，将进化论用于动物及人类，阐明了人类在动物界的位置及其由动物进化而来的根据，得出了人类起源于古猿的结论。

达尔文关于人类起源的理论，经过一番激烈的学术和宗教的大争论后，渐渐被科学界所接受。在以后的岁月里，古生物学家通过对古生物化石的研究，在达尔文学说的基础上，形成了现代人类起源说。

▶达尔文的进化论理论较为圆满地解释了人类的来源

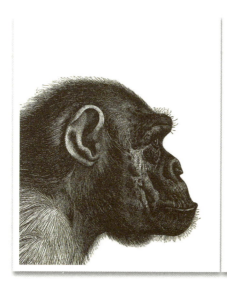

进化论为何受到人们的质疑？

▶ 始祖鸟化石

进化论出现之后，让人类的自我困扰得到了短时间的解脱，且随着远古人类化石的发现，进化论似乎得到了一定的证实。但是进化论并不完美，还是存在一定的缺憾，而其中最重要的问题就是找不到物种过渡形态化石。

根据进化论的理论，进化是连续渐进的，而不是跳跃的，生物发展必然很缓慢，几乎不可能出现大规模的物种突现。因为基因突变是很缓慢的，影响到物种的变化更是一个缓慢的过程。但是，关于人类进化的很多中间物种的化石却始终找不到。尤其是在寒武纪地质层中发现了很多新生物种，可在此之前却几乎没有找到任何生命存在的踪迹，好像这些新生物种是突然出现的。在差别较大的进化物种之间，必须有过渡性的物种，这是进化论的要求，也是进化论的理论基础。因而，进化论理论受到了必然的冲击。

虽然从猿到人的进化中，有许多诸如考古等方面的证据，但是仔细分析起来，猿人和古人之间的过渡类型是什么？是什么力量促使它们变化的？最重要的是，为什么至今都未能找到中间物种的化石？这些问题统统没有答案。对此，达尔文认为这是因为发现的样本太少，并预言随着生物考古学的发展，一定会有大量中间物种化石被发现。他自己曾多次说过，今后100年中如果找不到中间物种化石，那么进化论就是错误的！可到现在100多年过去了，古生物学在各方面取得了突飞猛进的发展，唯独"中间物种"没有被发现！

所以，现在国际生物学界对进化论持怀疑态度的科学家越来越多，针对进化论的争议也越来越激烈，只不过目前还没有一个能被广泛接受的、可以取代进化论的科学理论。

达尔文能够解释人种分化吗？

我们知道现在世界有四大肤色人种，分别是黄色、白色、黑色、棕色人种。这四种人分布在世界各地，就其居住地区来说，黄种人基本在亚洲，白种人基本在欧洲，黑种人基本在非洲，而棕色人种则在澳洲，美洲的印第安人大致属于黄种人系，即蒙古人种。这四色人种的区别不仅仅在肤色上，其在生理结构方面也有一定的差别。比如说，黑种人血液当中所含红细胞就与黄种人不同，它能输送更多的氧气，因而黑种人在运动方面有得天独厚的条件；黄种人

▶进化论学说无法解释人种分化的问题

的味觉系统是全世界最发达的，因此中国菜也是五味俱全、花样繁多；而白种人的味觉系统则十分迟钝，所以在吃的方面简单一些，等等。

如果进化论是正确的，那么这四大人种应该是由四种猿演变而来的。然而，进化论又断言，从猿进化到人是自然界中的偶然现象，地

球上只有一支猿类进化成了人，所以不可能普遍适应灵长类的进化模式。这岂不是很矛盾吗？既然已经有一支猿类进化成了人，那么其他猿类为什么不可以进化成人呢？既然只有一支猿类可以进化成人，那么四色人种又是怎么来的呢？如果说有四支不同颜色的猿遗传进化成了四色人种，这本身是违背进化论的，而且我们也找不到地球上曾经存在过黄猿、白猿、黑猿、棕色猿的证据。

▶黑色皮肤的小孩

假如说四色人种的确是由一支猿类进化、变异而来，那么这种变异与自然生存又有什么关系呢？大家知道，依据进化论的观点，生物的变异只是为了更好地适应自然环境，而且唯有适于生存的变异才可以保留下来。那么，这支进化中的猿为什么要发生如此变异呢？非洲基本在赤道两侧，属于热带地区，如果非洲黑猿要发生变异的话，也应该变异成白人，这样可以反射一些太阳的光线，在物理学上也说得过去。可是，非洲人种恰恰是黑色的，这要如何解释呢？相似的问题还有，如果说非洲人是黑色的就是符合自然规律，那么美洲印第安人呢？他们一样生活在赤道附近，所接受的紫外线与非洲人一样多，为什么他们的皮肤不是黑色的呢？再说白种人，过去的白种人主要分布在欧洲，地理位置基本在北纬30°以北，已经过了北回归线，像欧洲北部的一些国家，生活的纬度都很高。那么，黑色皮肤不是更可以吸热保温吗，可他们恰恰都是白色的，像冰雪般的颜色，这又是为什么呢？

直立行走是进化还是退化?

根据进化论的观点，生物遵循从低级到高级、从简单到复杂的发展规律。所以，从古猿到人类的进化应该是从低级到高级的进化，那么，从四肢行走到直立行走真的是进化吗?

有人从进化的角度提出疑问:脊椎动物的四肢都着地，这样分散了脊椎骨的压力，这从生物学的角度来讲是合理的。而人却是直立行走的，直立人的脊柱承受的压力过分集中，反而不如四肢行走的脊椎动物合理，为什么会发生这种进化呢? 它是进化还是退化?

达尔文创建的整个人类进化学说，其中有一个必不可少的前提条件，那就是:气候的巨大变化使森林大片消失，类人猿在这样的情况下被迫从树上下到地面，由猿到人的进化过程就从此开始了。

起源于东非大裂谷的南方古猿一直被认为是人类的始祖。但是，最近一些科学家在东非地区的考察推翻了东非气候巨变的说法。他们对肯尼亚大裂谷南端的图根山丘的碳化土壤进行了同位素检测，结果发现，1550万年以来，大裂谷地区的雨林和草原的混合跟今天完全

▶直立行走脊柱承受的压力较大，反而不如四肢行走的动物合理，这是人们对进化论产生怀疑的原因之一

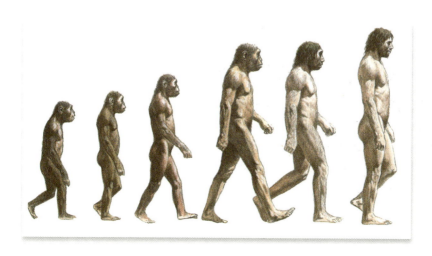

相同，根本不存在前述所说的气候大变化。如果这个前提条件在东非是不存在的，那促使猿人手脚分工的环境在哪里呢？同时，人们也发现，蓝田猿人和山顶洞人生活的地区并不是大平原或草原，而是植物比较茂密的山区，世界其他地区的猿人生活环境也基本与此相类似。而在这种自然条件下，用四肢行动难道不比只用后肢行动更为有利一些吗？怎么会发生手脚分化的进化呢？

对于这一疑问，目前用进化论也是无法解释的。

人类为何会进化得如此高级？

虽然对进化论存在质疑，但是对于人类的祖先来自灵长类动物的观点还是得到了普遍认可。就在灵长类动物出现的时候，地球上已经有很多哺乳动物了。从整个生物界考虑，动物的进化虽然在体形上会有很大的不同，但在功能和特点上却是应该有同步进化的特性。然而人类自从诞生以来就生活在地球上，与地球上许许多多动物同样经历着来自大自然的各种压力，由于这种压力是共同的，因此由压力引起的变异也应该具有趋同性。这从我们周围的哺乳动物和爬行动物身上就能看得出来，它们就是沿着一条本质相同的轨迹在进化，有许多特点和功能是相同的。可是，人类的进化道路恰恰与其他动物没有丝毫的相同之处，除了人以外，我们再也找不到直立行走的动物。如果说直立行走标志着动物的进化，那么这种进化就

▶ 猩猩是最像人的动物

不应该单单反映在人类身上，而在其他物种之间也应该有类似的进化发生，这才符合整个地球动物进化的规律。然而，在其他动物中，我们看不到一点点直立行走的趋向。

若单从灵长类动物来看，既然人类与猿、黑猩猩等有着共同的祖先，为什么同样经历漫长岁月，它们几乎没有什么明显的变化，仍然属于灵长类的哺乳动物？若进化论是生物界的普遍规律，那这个规律应该适合所有生物的进化，既然已经有一种猿类进化为人，那么我们为什么没有发现正在进化的其他猿类呢？或者说我们为什么至今没有发现其他猿类进化成人的趋势？

同样，这一问题也是对进化论的一大考验。

知识链接

灵长类动物

　　灵长类动物属于灵长目。灵长目是哺乳纲的1个目，是目前动物界最高等的类群，包括原猴亚目和类人猿亚目，主要分布于世界上的温暖地区。灵长类中体型最大的是大猩猩，体重可达275千克，最小的是倭狨，体重只有70克。人类也属于灵长目动物。

人类从一开始就生活在家庭中吗？

家庭成员是固定的，同时是具有血缘关系的，可人类最初的一个家庭是怎样开始的呢？考古学家们通过对古代洞穴的发掘得出结论，那时男人、女人和儿童是作为一个小团体而生活在一起的。也许这些团队先分裂成为由父亲、母亲和孩子们组成的小单位，我们称之为家庭。在家庭中，保持着温暖的火堆，家庭成员用简陋的武器保护自己不受野兽侵犯。

与其他动物相比，人类更需要以家庭为单位的生活方式。这是因为人类的婴儿是不能自立的小生命。大部分昆虫和其他低等动物的幼体刚刚孵出就会自己行动和觅食，但高等动物，如人类的婴儿、熊和其他兽类的幼仔，却需要父母的哺喂和保护。于是家庭就这样形成了，而且必须有这么一个组织形式。

家庭生活已存在了几十万年之久，在不同的民族中形成了不同的家庭组织形式。

知识链接

人类最早的家庭形式

在原始社会的旧石器时代，人们在内部逐渐地选择了按辈分划分的婚姻，即年龄相近的青壮年兄弟姐妹相互通婚，排斥了上下辈之间的婚姻关系。这时，姐妹是兄弟的共同妻子，兄弟是姐妹的共同丈夫，夫妻都有共同的血缘。

▶家庭在人类生存发展中起着重要的作用

part 2

看得见的奇迹——生命科学

生命是如何从一颗受精卵开始的？

我来自哪里？这是很多孩子都会问妈妈的一个问题。我们的生命来自父母，经过母亲的孕育来到这个世界。

▶新生命是从一颗小小的受精卵开始的

人的生命是从受精卵开始的。当精子与卵子在输卵管里奇迹般地会合后，就会形成一个受精卵，生命也便由此开始了。我们每个人都是由这一颗小小的受精卵发育而来。

其中，精子来自父亲，卵子则来自母亲。卵子受精后，分裂为两个细胞，大约每隔12小时分裂一次。这团细胞从输卵管进入子宫，在子宫内继续发育成胚胎，进而发育为胎儿。一般母体受孕后要经过280天的时间，新生命才会诞生。

每个婴儿呱呱坠地的一刻，都承载着母亲10个月的艰辛，同时也承载着家庭的希望。

▶小宝宝

人类的性别是由什么决定的?

人类繁衍的过程充满奇迹，生命就在这奇迹中诞生。很多小朋友会好奇，自己为什么是男孩或者女孩？那么生男生女是由什么决定的呢？

▶ 生男生女是由受精的精子携带的性染色体决定的

生男生女并不是随心所欲的，而是由人类的染色体决定的，准确地说，是由父亲的性染色体决定的。性染色体就是决定性别的染色体。在人类的生殖细胞中，其中有1个为性染色体。女性的性染色体为X、X，男性的性染色体为X、Y。当含X染色体的精子与卵子结合，受精卵为XX型，发育为女胎；若含Y染色体的精子与卵子结合，受精卵为XY型，就发育成男胎。所以，生男生女取决于与卵子结合的精子究竟是含有X染色体，还是含有Y染色体。

生男生女并不是由父母自主支配的，而是精子、卵子的随机结合。无论男女，我们都是父母的宝贝。

知识链接

神奇的Y染色体

Y染色体，存在于每个男人的每个细胞中。虽然经过多年进化，人体内的其他染色体都发生了巨大的变化，但是这个染色体由于与X染色体匹配度不高（缺少一部分），才得以完整稳定地从父亲传给了儿子。因此，在Y染色体上留下了基因的族谱，Y染色体成了分析追溯祖先血统的重要工具。

染色体是一种什么物质？

染色体是人体遗传物质——基因的主要载体。它是由脱氧核糖核酸（即DNA）和蛋白质组成的，在显微镜下呈圆柱状或杆状。

DNA是一种分子，可组成遗传指令，是基因组成的材料，又被称为"遗传微粒"。染色体是由双螺旋的DNA分子缠绕而成的。DNA平时散乱分布在细胞核中，但当细胞要准备分裂时，DNA便会与组织蛋白结合，然后缠绕起来，成为巨大的清楚的染色体。尤其当染色体复制完尚未分开时，若将染色体染色，透过显微镜便可清楚看见连在一起的姐妹染色体。

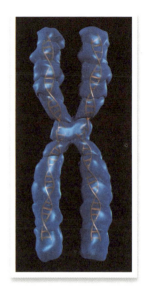

▶染色体

许多人类疾病都是染色体发生部分缺失、倒位、易位、重复导致的结果。进行染色体组型检查，可以告诉我们DNA是否异常等。

知识链接

染色体的命名

染色体在显微镜下呈圆柱状或杆状，在细胞发生有丝分裂时期，容易被碱性染料（例如龙胆紫和醋酸洋红）染成深色，所以叫染色体。

人每天都需要喝水吗？

水是人体的生命之源，也是构成一切生物体的基本成分。不论是动物还是植物，均以水维持最基本的生命活动。

▶ 白开水是最好的饮料

人的体重50%～70%是水分。水是人体细胞和体液的主要组成成分，人体血液中大约90%是水。水又是人体吸收营养、输送营养物质的介质，可以输送养分到身体的每个细胞；水还是人体排泄废物的载体，可输出废物到肺、肾再排泄出体外。也就是说，人通过水在体内的循环，完成新陈代谢过程。水还具有调节体温、润滑关节和各内脏器官等作用。水对人类生命至关重要，如果失水率达20%，就会危及生命。

因此，喝水不仅仅是为了解渴，还关乎人体的健康。正常情况下，人每天至少需要喝1500毫升水。当然，喝水多少也要根据运动、出汗情况而有所改变。

知识链接

白开水是最好的饮料

白开水经过高温杀菌，保证了对身体无害。经研究发现，开水自然冷却后，水中的氯气要比一般自然水降低50%，水的分子结构会发生某些变化，其生物活性比自然水要高出4～5倍，与生物活细胞里的水十分相似，因而易于透过细胞膜被人体吸收。另外，白开水可调节体温，增加血液中的血红蛋白含量，促进新陈代谢。

空气对人体有什么重要性?

空气看不见、摸不着,但它对我们人类而言是不可缺少的。因为空气中的氧气是人类维持生命最重要的物质,它与食物和水一样,是人体健康最根本的要素之一。

氧是维持机体免疫功能活力的关键物质。人在得到充足的氧的情况下,吃进的营养物质经过氧化,才会被细胞利用,转化成能量,供给各个组织器官,保证免疫系统正常工作。

人体的氧储备极少,据测定,健康人体内存氧量只有1.0~1.5升,仅够3~4分钟的消耗,远远不能满足人维持生命的需求。所以人就需要不停地呼吸,以从空气中获取氧气。若人中断呼吸5分钟,就会出现生命危险。

我们虽看不到空气,但却一刻也离不开它。

▶没有空气就没有生命,空气是地球万千生物存在的必备条件

睡觉是为了什么？

作为自然界中的一员，人类遵循着诸多的自然规律，每当太阳落下黑夜来临，人们也相继进入一天中的睡眠时间。睡眠对人类具有重要的作用。

经过一天的劳累，在睡眠时人的心率减慢、呼吸频率降低、机体代谢降低。睡眠能使大部分脑细胞处于休息状态，使神经细胞得到能量补充，有利于功能恢复，增强人的记忆能力，提高工作效率。

对于少年儿童，睡眠还有助于儿童的生长和智力的发育。人在睡眠时，脑垂体释放生长激素和性激素，同时全身肌肉、关节、软组织放松，得到充分休息。生长激素能促进儿童的生长发育，同时还有利于蛋白质合成，供给细胞能量，进行组织修补，提高人的免疫力。

因此，无论少年儿童还是成年人，每天都要保证一定的睡眠时间。

▶睡眠对人类具有重要作用

人生病是什么导致的？

健康是人们快乐生活的基础，是人们一心所向往的。但疾病的光临，往往会让我们失去健康。那么，人为什么会生病呢？

对于疾病，现代医学认为，是细菌、病毒感染导致人体出现了代谢紊乱。根据当今最流行的观念，生病有两大原因：第一，各类细菌和病毒的入侵，比如流行性感冒、非典等；第二，不良生活方式导致的疾病，如高血压、糖尿病等。

▶疾病总是伴随着人的成长，但一般性疾病不会对人的健康构成威胁

人是由细胞组成的，细胞构成了各种各样的组织，组织构成了各种系统（比如循环系统、消化系统等），各种不同的系统构成了人体；而每一个细胞所需的营养是不同的，人的生长有赖于物质的供给，这些物质就是营养素。如果人摄取的营养素不充足，细胞就不能及时地修复自身，人就会产生各种不适症状，甚至生病。

生老病死是自然规律，生病并不可怕，只要进行积极的治疗，一般疾病都不会对人的健康产生多大威胁。

知识链接

人体必需的六大营养素

人体所必需的营养素有蛋白质、脂肪、糖类、无机盐（矿物质）、维生素、水等六类。

动脉是如何搏动的？

脉搏是可触摸的动脉搏动。我们把自己一只手的食指、中指和无名指放到另一只手手腕上桡侧，就会摸到脉搏。那么，为什么人体的动脉会有搏动呢？

脉搏的形成有赖于两个基本条件：一是心脏的舒缩，二是动脉管壁的扩张性和弹性。

人体循环系统是输送血液和淋巴的一系列器官和管道的总称。包括心脏、动脉、毛细血管、静脉、淋巴管等。血液经由心脏的左心室收缩而挤压流入主动脉，随即传递到全身动脉。心脏的舒缩使得血压有升有降，血液才有了流动的动力。又因动脉是富有弹性的结缔组织与肌肉所形成的，当大量血液进入动脉使动脉压力变大而使管径扩张，在体表较浅处靠触摸即可感受到动脉的扩张，这就是脉搏。

▶中医号脉就是根据动脉跳动来判断人的健康状况

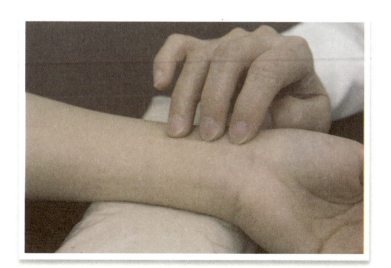

色盲是怎么回事儿？

色盲为一种先天性色觉障碍，通常色盲者不能分辨自然光谱中的各种颜色或某种颜色。色盲最常见的是红绿色盲，即红色盲和绿色盲。平常说的色盲，一般就是指红绿色盲。

患红绿色盲的人不能区分红色和绿色。红色盲患者主要不能分辨红色，对红色与深绿色、蓝色与紫红色以

▶ 色盲是先天性疾病，是染色体异常的表现

及紫色不能分辨；绿色盲患者不能分辨淡绿色与深红色、紫色与青蓝色、紫红色与灰色，常把绿色视为灰色或暗黑色。

一般认为，红绿色盲是由于染色体上的红色盲基因和绿色盲基因导致的。男性只需一个色盲基因，即仅有一条X染色体携带色盲基因就可表现出色盲；女性则需有一对致病的等位基因，即两条X染色体都携带色盲基因才会表现出异常。

知识链接

光　谱

光谱是复色光经过色散系统分光后，按波长的大小依次排列的图案。

近亲结婚会有什么后果？

小朋友的父母之间一般是没有亲近血缘关系的，因为近亲是不能结为夫妻的。

近亲结婚的夫妻双方有共同的祖先，他们从祖先那里继承有若干相同的基因（包括隐性致病基因），若双方隐性致病基因相遇，就会使得后代的先天性缺陷或遗传病显现出来。因此，近亲结婚会使遗传病和先天性身体、智力障碍的发生率大为增加。根据调查，近亲结婚后代的遗传病发病率是非近亲结婚的100倍。为了下一代的健康，很多国家都明令禁止近亲结婚。而且为了后代着想，现在人们也主动拒绝近亲结婚。

知识链接

近亲如何界定

三代以内的直系亲属，如表兄妹或堂兄妹即为近亲。我国婚姻法第七条明确规定，直系血亲和三代以内的旁系血亲禁止婚配。

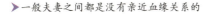

▶一般夫妻之间都是没有亲近血缘关系的

▶水痘会在儿童之间传播

水痘是一种怎样的疾病？

水痘一年四季均可发病，但以冬、春季节较为多见。水痘发病急，传染性很强，患者多为1～10岁的儿童，这是为什么呢？

水痘是由病毒感染引起的。其传染力强，接触或飞沫均可传染，再加上儿童抵抗力弱，幼儿园、学校里人员又比较密集，一旦有人感染水痘就会迅速传播给其他人，易感儿发病率可达95％以上。水痘一生只感染一次，长一次水痘后人体内就会产生抗体，从而获得终生免疫力。

预防针是用来做什么的?

每个小朋友从出生之后到小学阶段都要打预防针。由于各种预防针的机制不同，所以有的打在胳膊上，有的则打在屁股或头上。

其实，打预防针就是注射疫苗，这是预防传染病的最经济、最有效的手段。接种疫苗使人体产生针对传染病的特异的抗体，就不会再得这种病了。小朋友在婴儿阶段还有从母亲身上获得的抗病能力，但随着时间的延长，这种抗病能力会逐渐消退。抵抗力变弱，就容易患上脊髓灰质炎、麻疹、乙肝、结核病等传染病，而这些传染病是可以预防的。所以，打预防针是保障儿童健康成长的一项重要措施。

▶打预防针能预防一些传染性疾病等，可保证儿童健康成长

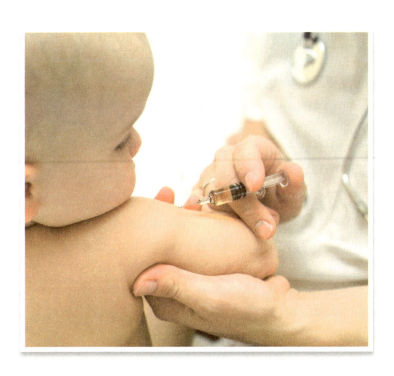

感冒时鼻塞、流鼻涕和打喷嚏是怎么回事？

感冒是很多人都曾患过的普通疾病，虽为小病，但感冒时鼻塞、流鼻涕、打喷嚏等症状也让人十分难受。为什么人感冒时会鼻塞、流鼻涕、打喷嚏呢？

当感冒病毒由呼吸道侵入人体使人感冒时，病毒在鼻腔中活动，使得鼻黏膜肿胀充血，鼻子会分泌较多额外的水分或黏液（分泌物），以帮助我们把死掉的病毒自然地排出体外，所以较多的分泌物就会堵塞鼻腔。由于受到黏液增多的刺激，鼻部神经得

▶感冒后常会出现鼻塞、流鼻涕的症状

到的信息是鼻部有妨碍呼吸的异物存在，应当把异物清除出去。因此，人在感冒时会打喷嚏。频繁地打喷嚏就会使呼吸道内的分泌物随着高压气流的冲击而排出。

知识链接

普通感冒与流行性感冒的区别

普通感冒也称"上呼吸道感染"，是由多种病毒引起的一种呼吸道常见病。一般在受凉、淋雨、过度疲劳后，因抵抗力下降，才容易得病。普通感冒往往是个别现象，一年四季均可发生。

流行性感冒简称流感，是由流感病毒引起的急性呼吸道传染病。在病人咳嗽、打喷嚏时经飞沫传染给别人。流感症状比普通感冒严重，对人体有极大危害。一般来说，冬春季节是流感容易肆虐的时候。

part 3

成长秘籍——人体奥秘

心脏为何能跳动不息？

心脏大概是人体唯一不会偷懒的器官，它在我们的生命形成之初，开始有规律地跳动，一直到我们的生命终止才会停止跳动。心脏为什么能连续跳动几十年甚至上百年呢？心脏跳动的动力又来自何处？

▶ 心脏跳动如钟摆一样有规律

心脏能够一刻不停地跳动，是因为人体右心房处有一种由特殊细胞构成的小结节，即窦房结。窦房结是心脏搏动的最高"司令部"，健康的窦房结具有强大的自律性，它可以自动而有节奏地产生电流，电流按传导组织的顺序传送到心脏的各部位，引起心脏的收缩和舒张，并使心脏进行有节律的周而复始的收缩和舒张活动。心脏跳动可推动血液流动，向器官、组织提供充足的血液，以供应氧和各种营养物质，并带走代谢的产物(如二氧化碳、尿素和尿酸等)，使器官、组织维持正常的生理功能。

知识链接

窦房结

窦房结是位于人体右心房外膜上的一个特殊的小结节，由P细胞组成。P细胞是窦房结自搏细胞，它们是心脏中最高级的起搏组织。窦房结可以自动地、有节律地产生电流，电流按传导组织的顺序传送到心脏的各个部位，从而引起心肌细胞的收缩和舒张。可以说，窦房结是心脏搏动的最高"司令部"。

大脑是怎样"分工合作"的?

人的大脑由左右两个半球组成,你知道大脑左右两个半球是如何分工合作的吗?

大脑左右两个半球,每一个半球上分别有运动区、视觉区、听觉区、联合区等神经中枢。由此可见,大脑两个半球是对称的。在神经传导的运作上,两个半球相对的神经中枢彼此配合,发生交叉作用;两个半球的运动区对身体部位的管理,是左右交叉(即左半球管右半身,右半球管左半身)、上下倒置的(即上层管下肢,中层管躯干,下层管头部);两个半球的视觉区与两眼的关系是:左半球视觉区管理两眼视网膜的左半,右半球视觉区管理两眼视网膜的右半;两个半球的听觉区共同分担管理两耳传入的听觉信息。

在正常情形下,大脑两个半球的功能是分工合作的。在两个半球之间,由神经纤维构成的胼胝体负责沟通两个半球的信息。如果将胼胝体切断,大脑两个半球就被分割开来,两个半球的功能陷入孤立,缺少相应的合作,在行为上会失去统合作用。

▶大脑两个半球是分工合作的

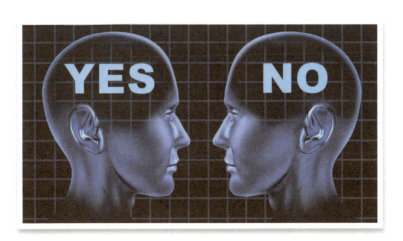

人的记忆为何能长久存在?

生活中我们都会经历很多的人和事,学习很多的知识,但十几年甚至几十年后我们还能想起幼时的朋友、趣事。为什么人的记忆能长久存在呢?

▶神经细胞与人的记忆密切相关

记忆存在于覆盖在人脑表面的大脑皮质之中,记忆的获得与整个大脑的突触的抑制和促进有关。大脑一旦受到刺激,则在每一神经细胞(神经元)上生长出更多的突起,这些突起使人脑内部的突触连接。神经联系的总量增加,形成记忆。有神经生物学家证明:即使不再使用,在学习过程中建立起来的细胞突触还是会保留。当这些暂时闲置的存储细胞突触被重新激活,我们就能回忆起以前经历过的事情。此外,这些细胞突触还能让我们更快地熟悉那些曾经学习但被遗忘的知识。

知识链接

突 触

突触是一个神经元的冲动传到另一个神经元或传到其他细胞间的相互接触的结构。突触是神经元之间在功能上发生联系的部位,也是信息传递的关键部位。

眉毛和眼睫毛有什么作用？

眉毛和眼睫毛不光起到美化眼睛的作用，它们还共同构成了眼睛的第一道防线。

眉毛是眼睛的"卫士"，它能把从额部淌下的汗液引开，起分流作用，使其不致顺流而下流入眼睛。而眼睫毛的反应是"闪电式"的，当外来物体一碰触眼睫毛，它可在0.01秒时间内传递信号，引起闭眼反射，使眼球不受外来物的侵

▶眉毛和眼睫毛不仅美化眼睛，对眼睛还有一定的保护作用

犯。另外，眼睫毛还能防止紫外线直接照射眼睛，避免因紫外线直射而导致眼睛患病的危险。眉毛和眼睫毛还能挡住空中落下的灰尘和小虫，不让它们碰伤眼睛；当脸上出汗或雨水落到脸上时，能让它们乖乖地避开眼睛。眉毛和眼睫毛是眼睛的保护神，我们必须保护好它们。

知识链接

眼睫毛是如何生长的

眼睫毛有一定的生长周期，它们的平均寿命为3~5个月，因此常会有一些眼睫毛脱落。眼睫毛脱落后1周左右即可长出新的睫毛来，10周后达到最长。

眼泪为什么是咸的?

眼泪是咸的,这是为什么呢?

科学家们用微量分析法揭开了这一谜题。在人的泪水中,99%是水分,1%是其他成分,而这1%成分里有一半多是盐。这些盐是从哪里来的呢?

原来,每个人的眼睛里都有制造眼泪的"小工厂",即"泪腺"。它就"坐落"在眼球的外上角,像小手指头那么大。每天,这座"小工厂"都不停地制造着泪液。泪液以人体内的血为原料,经泪腺"加工制造"而成。人体血液中含有盐分,所以泪液中就很自然地含有了盐。盐在泪液里占0.6%的量。多余的泪液流出眼睛,就成了眼泪,所以眼泪是咸味的。

▶因眼泪中含有盐分,所以是咸的

知识链接

大笑为什么也会流眼泪

当人非常快乐,兴奋得哈哈大笑时,往往也会流出眼泪。笑也能流泪是怎么回事儿呢?

其实,泪液是不断分泌的,它时刻都在眼球表面流动。平时在眨眼的瞬间,多余的泪液就被鼻泪管吸走了。人在大笑的时候,一方面眼皮扩张,排出泪液;另一方面,由于面部肌肉收缩,压迫鼻泪管,使其堵塞,于是多余的泪液成为眼泪,就从眼里流出来了。

▶嘴唇生来就呈现红色

嘴唇为什么都呈现红色?

人的嘴唇生来即呈现红色,与其他部位皮肤颜色明显不同。为什么嘴唇呈现红色呢?

这红色其实是血色。嘴唇是面部皮肤与口腔内黏膜的过渡部位,它的颜色与口腔内黏膜颜色是一致的,因为这里的表皮很薄,非常柔软,是透明的,因此其丰富的皮下毛细血管就使嘴唇呈现红色。

一般体质好、血气旺的人嘴唇呈自然的红色;而贫血或者气血较弱的人,嘴唇颜色就会偏白,不是健康的红色。

知识链接

嘴唇是人体最脆弱的部位

嘴唇部位的皮肤只有身体其他部位皮肤的1/3厚,且红红的嘴唇没有汗腺和唾液腺,它的湿润度全靠局部丰富的毛细血管和少量发育不全的皮脂腺来维持。嘴唇本身不具有黑色素,没有自我保护功能,所以需要我们加倍呵护。

舌头是如何品尝酸甜苦辣的?

人类的舌头从咽到尖端的平均长度为10厘米。它是语言功能的重要器官,同时还具有强大的味觉功能,酸甜苦辣都躲不过舌头的品尝。为什么舌头能尝出味道呢?

这是因为在舌头上长有味蕾。舌头的最外面一层是黏膜,它们使舌头呈现淡红色,黏膜表面有很多小突起,这些形同乳头的小突起就是味蕾。味蕾由若干个味细胞组成,用来辨别各种各样的味道。

人的舌头上有酸甜苦咸四种味蕾,而苦味味蕾是舌头上最发达的味蕾,苦味基因也是味觉基因中种类最多的,达数十种。功能相近的味蕾聚集在一块,分布在舌头的不同地方,每块地方分担着不同的任务:舌尖主要感受甜味,舌尖的两侧后半部分主要感受酸味,舌根主要感受苦味,咸味就划分给舌两侧靠舌尖的那一块了。味蕾所感受的味觉只有酸、甜、苦、咸四种,而其他味觉是味觉与其他感觉产生的,如辣觉是热觉、痛觉和基本味觉的混合。

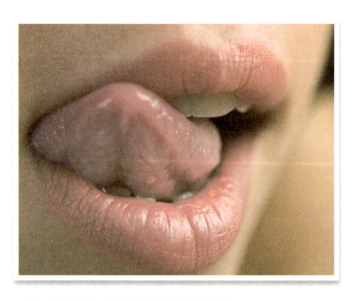

▶舌头上长有味蕾,所以我们能品尝到酸甜苦咸

血液为什么是红色的?

大家都知道人的血液是红色的，那为什么血液呈现红色呢?

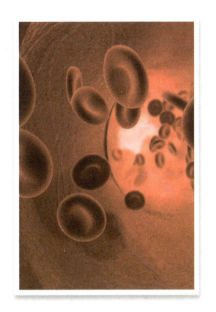

这是因为人的血液里有大量的红细胞，红细胞里充满了含铁的蛋白质——血红蛋白，这就是血液中的红色成分。血红蛋白在体内除了负担着输送氧的作用以外，对于二氧化碳的输送也扮演着重要角色。当血红蛋白吸取新鲜的氧气时，带铁的血红蛋白与氧结合，就使血液成为红色了。由于血液的颜色与含氧量的多少有关，因此含氧量多的血液如动脉血，呈鲜红色；含氧量少的血液如静脉血，呈紫红色。

▶血液中含有大量的红细胞

血液也不一定都是红色的。比如软体动物和节肢动物，这类动物血淋巴中溶解有叫作血蓝蛋白的蓝色蛋白质，所以它们的血液大多是蓝色的。

知识链接

血 压

血液在血管内流动时，因为血液使血管充盈，所以对血管壁造成一种侧压力，我们称之为血压。由于血管分为动脉、毛细血管和静脉，所以，也就有了动脉血压、毛细血管压和静脉血压之分，其中动脉血压就是我们通常所说的血压。当血管扩张时，血压下降；血管收缩时，血压升高。

人的血管到底有多长?

人体的血管包括动脉、静脉和毛细血管三部分。

触摸身体表面，能感受到跳动的血管是动脉。动脉由粗变细，由少变多，动脉把血液输往全身。动脉有无数的支流，支流越分越细越多，最后形成比头发丝还细得多的血管，这就是要在显微镜下才能看清楚的毛细血管。

▶人体除角膜、毛发、指（趾）甲、牙齿及上皮等处外，血管遍布全身

突出于人体表面和四肢皮肤的、呈青紫色的、不能跳动的血管是静脉。静脉是由很多小静脉汇集成中静脉，然后形成大静脉的，大静脉把血液送回心脏。

人体内的血管如同地球上纵横交错的河流，分布在我们身体内的每个角落，它和心脏一起组成了人体内连续的封闭式输送管道，四通八达的血管能将血液输送到全身各处。如果把毛细血管也算在内的话，人体内的血管长度在9.6万千米以上，地球的赤道长4万千米，能绕赤道两圈多呢!

知识链接

静　脉

　　静脉是循环系统中使得血液流回到心脏的血管，它起于毛细血管，止于心房。静脉平时可容纳全身70%的血液，表浅静脉在皮下可以看见，上下肢浅静脉常用来抽血、静脉注射、输血等。

肺是如何摄取氧气、排出二氧化碳的？

人在一呼一吸中，吸入新鲜的空气，排出二氧化碳，保证了人体对氧气的需求。那么，在呼吸过程中，肺是如何摄取氧气，排出二氧化碳的呢？

人体的新陈代谢过程，需要不断地从环境中摄取氧气，并排出二氧化碳。而人与外界的气体交换离不开肺，肺组织里有一套结构巧妙的

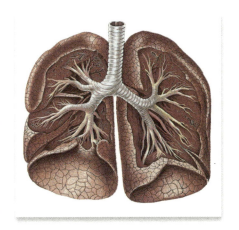

▶人体肺部示意图

换气站。在人们吸入空气时，空气经鼻、咽、喉、气管、支气管的清洁、湿润和加温作用，最后到达呼吸结构的末端——肺泡。肺泡中，空气与毛细血管的血液之间有一道呼吸膜相隔。薄薄的呼吸膜，只允许氧气和二氧化碳自由通过，其他的一律被挡住。氧气经肺泡，通过呼吸膜。进入毛细血管，进而至动脉流遍全身。二氧化碳由静脉经毛细血管，通过呼吸膜，到肺泡，经肺排出体外。如此反复呼吸，人体就能源源不断地从外界获取氧气、排出二氧化碳。

知识链接

肺 泡

肺中的支气管经多次反复分枝成为无数细支气管，细支气管的末端膨大成囊，囊的四周有很多突出的小囊泡，即为肺泡。肺泡是肺进行气体交换(交换二氧化碳和氧气)的部位，是构成肺的主要结构。

肺是如何清除有害物质的？

一天中，人体大约呼吸3万次，吸进去的空气达15立方米，一些灰尘、细菌、有害气体也难免会混入其中。对于这些有害物质，我们的肺自然有一套清洁系统。

当肺里存在有害物质时，特别是病菌准备在那里繁殖的时候，毛细血管就会扩张，释放出血管里的白细胞，让它们杀死这些细菌。牺牲了的白细胞、病菌、灰尘以及同时渗出的血清、红细胞等，加上气管中分泌出的黏液，混合在一起，积存在呼吸道里，必然会阻塞管道，影响呼吸工作的进行，这样人体就会用咳嗽、打喷嚏等方式清扫管道，将异物排出体外。这些咳出来的黏液就是痰。

▶人每天大概呼吸3万次

胃是如何消化食物的?

我们常说胃是食物的储存场和加工厂,是消化食物的主要器官。那胃是如何消化食物的呢?

我们吃进的食物经过食管进入胃中,再依靠胃中的大量强酸性胃液来消化。胃液的主要成分是能分解蛋白质的胃蛋白酶,它能促进蛋白质消化,并具有保护胃黏膜不被自身分泌的胃液消化的作用。胃液中还含有一定量的盐酸,即我们通称的胃酸。胃酸是使食物得以消化的重要媒介,胃酸的消化能力十分惊人。它可以分解食物中的结缔组织和肌纤维,使食物中的蛋白质变性,易于被消化。胃酸还能杀死随食物及水进入胃内的细菌,能与钙、铁结合形成可溶性盐,以促进钙、铁的吸收。

正常人每天分泌胃液1.5~2.5升。经过口腔粗加工后的食物进入胃,在胃的蠕动搅拌和混合下,加上胃内消化液里大量酶的作用,最后使食物变成粥状的混合物,以利于肠道的消化和吸收。所以,将胃称为食物的"加工厂"是名副其实的。

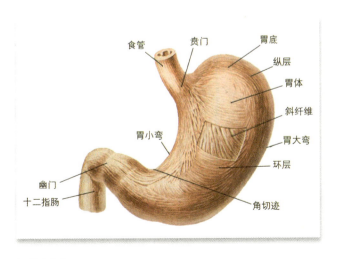

食管　贲门　胃底　纵层　胃体　斜纤维　胃大弯　环层　胃小弯　幽门　十二指肠　角切迹

▶ 胃的结构

脾脏的主要作用是什么?

脾脏是人体中最大的淋巴器官，位于左上腹部。在早期胚胎中，脾脏是重要的造血器官，婴儿出生后造血主要由骨髓来完成，但脾脏还具有许多特殊功能。

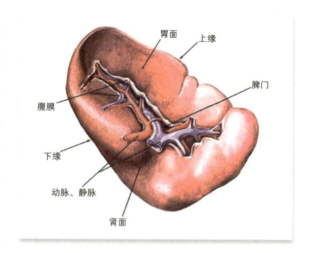

▶脾脏结构图

首先，脾脏具有应急造血功能。人体需要生产出新的血细胞以补充不断衰老死亡的旧血细胞。在机体应急状态下，如中毒、药物抑制或感染时，脾脏就重新制造各种类型的血细胞，以挽救危重的生命。

其次，脾脏有"小血库"的功能。脾脏内有许多血窦，就像一个个小小的血池子，充当着小血库的作用，一般能储存40~50毫升血。

最后，脾脏还具有净化血液的功能。人体内的血液每天要从脾脏流过30~50次，而脾脏血窦里的吞噬细胞就像严格的卫士一样，不断检查出衰老伤残的细胞及血小板，并将其吞噬消灭掉，同时将红细胞中的铁收集起来，输出至骨髓，重新用于造血。

脾脏是人体最大的免疫器官，人体的许多免疫卫士如淋巴细胞、杀伤细胞和自然杀伤细胞都大量驻守在脾脏。一旦人体的某个部位遭受病菌的侵犯，这些免疫细胞就会从这里出发奔向感染部位，消灭病菌。此外，还有很多的免疫球蛋白、补体、调理素等人体免疫武器都是从脾脏里生产出来的，它们会及时消灭体液中的毒素、细菌和有害抗原等。

肝脏的主要作用是什么？

肝脏是人体内脏里最大的器官，是尿素合成的主要器官，又是新陈代谢的重要器官。

肝脏对来自体内和体外的许多非营养性物质如各种药物、毒物以及体内某些代谢产物，具有生物转化作用，即解毒功能。肝脏对人体内蛋白质、糖类、脂肪等很多物质的代谢有重要作用。胃、肠吸收来的一些有毒物质、药物以及体内代谢产生的有毒物质，可以在肝脏的作用下，转化成无毒物质，或被氧化分解。

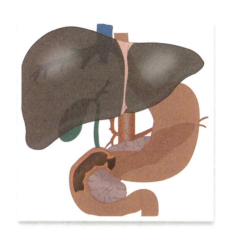

▶肝脏

肝脏的生物转化方式很多，一般水溶性物质常以原形态从尿和胆汁排出；脂溶性物质则易在体内积聚，并影响细胞代谢，必须通过肝脏一系列酶系统作用将其灭活（指用物理或化学手段杀死病毒、细菌等），或将其转化为水溶性物质，再予以排出。

知识链接

保肝食品有哪些

保肝护肝在日常生活中就可进行，肝脏保健食品随处可见。比如，荞麦、芦笋、卷心菜、胡萝卜、大白菜、金针菇、莲藕、洋葱、南瓜、菠菜、番茄、山药、豆腐等都属于护肝食品。此外，葡萄、西瓜、木瓜、梨、橘子等水果也属于肝脏的保健食品。

人体的"发动机"是什么？

提到肌肉就给人以结实、有力量的印象。人的全身共有600多块肌肉，这些肌肉不管大小、长短都能伸能缩，步调一致。肌肉是我们人体的发动机，全身运动都靠它来唱主角。

肌肉全由肌细胞组成，能收缩和舒张，产生运动，如胃肠的蠕动、心脏的跳动、肢体的各种动作等。肌肉产生力量的源泉是肌纤维的收缩作用。它利用体内的营养物质合成肌蛋白，当肌蛋白分解时，释放出的能量就成为肌纤维收缩的动力。肌肉发动机的机械效率是其他动力机器望尘莫及的。科学家发现，肌肉将食物的化学能转化为机械能，效率可达80%左右，而现代化的机器，能量转换率只有30%。

知识链接

肌肉的分类

人体肌肉可分为三大类：平滑肌、骨骼肌和心肌。平滑肌，运动缓慢而持久，如肠的蠕动；骨骼肌，主要附着在躯干和四肢的骨头上，受人的意志支配；心肌，是心脏特有的肌肉组织，它有自动地、有节律地收缩的特性。

▶人体肌肉示意图

part 4

与生俱来——身体的反应

睡觉打鼾是什么引起的?

睡觉打鼾是生活中的常见现象,听到有人打鼾会使很多人以为这个人睡得很香。其实,这种认识是错误的,打鼾的人的睡眠质量恰恰是最差的。为什么人会打鼾呢?

我们知道,声音是由振动产生的,打鼾也不例外。由于打鼾者的气管通常比正常人狭窄,白天清醒时咽喉部肌肉代偿性收缩使气管保持开放,不发生堵塞。但夜间睡眠时神经兴奋性下降,肌肉松弛,咽部组织堵塞使上气管塌陷,当气流通过狭窄部位时会产生涡流并引起振动,从而出现鼾声。一般情况下,肥胖者、糖尿病患者等经常有打鼾的问题。有些人身体并不胖,但由于扁桃体肥大、咽喉松弛、舌后坠等原因也可能会引起打鼾。

偶尔打鼾可能是由于疲劳等原因引起的,不必过虑。若长期打鼾且鼾声响亮,就可能引发多种疾病,一定要引起重视。

▶打鼾对人体有一定的危害

晕车是怎么回事?

有的人在乘坐汽车时会出现恶心、呕吐、头晕的症状,这就是人们常说的晕车。晕车与晕船、晕机等统称为"运动病"。这种病的产生主要是因为人体内耳前庭平衡感受器受到过度运动的刺激,前庭器官产生过量生物电,从而影响了神经中枢而造成的。

内耳前庭器官是人体平衡感受器官,它们都是前庭末梢感受器,可感受各种特定运动状态的刺激。当我们乘坐的交通工具的运动状态发生改变时,如汽车启动、减速刹车,船舶晃动、颠簸,飞机升降时,这些刺激便向人的中枢神经传递。这些前庭电信号的产生与传递,在一定的限度和时间内不会使人产生不良反应,但每个人对刺激的强度和时间的耐受性有一个限度。如果刺激超过了这个限度,就要出现运动病症状。每个人的耐受性差别很大,除了与遗传因素有关外,还受视觉、个体体质、精神状态以及客观环境(如空气异味)等因素影响,所以在相同的条件下有些人会出现运动病症状。

▎生物钟是一种什么样的"钟"？

生物钟又称生理钟，是生物体内的一种无形的"时钟"。地球上所有动物都有各自的生物钟，如人类具有昼夜节律的睡眠、清醒和饮食行为都归因于生物钟的作用。那么，生物钟到底是怎么回事儿呢？

当我们在一定的时间必须做某事时，到了这个时间就会自动想起这件事儿来。如你每天6点钟起床，到时间你就会自动起来，这就是人体的生物钟在起

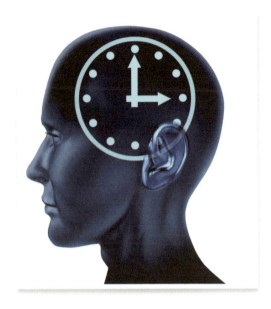

▶ 生物钟是长时间形成的生理反应

58

作用。人体生物钟是长时间形成的一种生理反应。生物钟的形成有两种原因，既有先天的因素，也有后天工作环境长期养成的因素。如人的昼夜节律的睡眠就是先天因素形成的生物钟，这其中地球的自转、昼夜的交替以及日光、空气、潮汐、宇宙射线、电磁场、太阳核子等都是"生物钟"的"演奏者"，它们按各自的节律发出各种刺激信号，生物接收并把这些信号一一记录下来，这就产生了"生物钟"。

后天的工作、生活环境因素也可形成生物钟，这样的生物钟是可以调整的。例如，外交官和运动员为了适应世界各地的时差，必须人为地调整自己的生物钟，努力使自己在最需要体力和精力时，"正好"处在最佳状态。

皮肤白皙的人更容易长雀斑？

雀斑是发于颜面并散布在脸上的褐色斑点，因其形状如雀卵上的斑点而得名。雀斑是一种比较小的颗粒，为淡褐色或褐色的色素斑点，可以布满整个脸，眼睛周围、脸颊附近是最多的，一般女性多于男性。为什么会有雀斑产生呢？

大家都知道，人体肌肤内含有黑色素，黑色素可以防止紫外线透过人体。在阳光刺激下，当大量黑色素细胞合成更多的黑色素时，就会形成雀斑。如果人体内的黑色素较多，并呈均匀分布，肌肤上就不会出现色素斑点；如果人体内的黑色素较少，且分布不均匀，那么肌肤上肯定会出现色素斑点。所以，一般皮肤白皙的人更容易长雀斑，其雀斑也更为显著。

▶ 胡萝卜是对付雀斑的好选择

▶痣常于两岁后开始出现

▍皮肤上的"痣"是什么?

痣,大多数人的皮肤上都有,而且不止一个,有的显露在外,有的则被衣服遮挡着。为什么人的皮肤上会长痣呢?

其实,痣是一种常见的皮肤病,它发展缓慢,一般不表现出什么症状。有观点认为,人身上之所以会长痣是由于在人体的皮肤里有很多种细胞,其中一部分细胞错误发育,人的皮肤就长出了痣。痣是由位于皮肤表皮和真皮内的黑色素细胞聚集而成的,导致痣出现的原因目前暂无定论,一般认为痣的发生与遗传因素和紫外线为主的环境因素有关。因痣细胞的多少不同,痣可以高出皮面,也可以与皮肤相平,并且大小不一,产生部位也不一致。

害羞时会脸红是怎么回事？

很多人都有过害羞的时候，在害羞时我们往往感到心跳加速，同时还伴有脸红。为什么人害羞就会脸红呢？

大脑是人体的"司令部"，视觉、听觉神经都受大脑的指挥。当我们看到和听到使我们害羞的事情时，眼睛和耳朵就立即

▶多数人害羞时都会有脸红的表现

把消息传给了大脑皮质，大脑皮质就会刺激肾上腺，肾上腺一受刺激，立刻就会做出相应的反应，分泌出肾上腺素。肾上腺素在少量分泌的时候能够使血管扩张。随着脸部的毛细血管扩张，流到脸上的血液增多了，脸就会变得红红的。

知识链接

肾上腺

肾上腺是人体相当重要的内分泌器官，位于肾脏上端，左右各一。肾上腺分泌肾上腺素。肾上腺素的一般作用是使心率加快，使心脏、肝脏和筋骨间的血管扩张，使皮肤、黏膜的血管缩小。

人为何在发热时会感到冷？

人在发热时总会感到冷，甚至还会"冷"到发抖，这是因为人在发热的时候身体会产生一定的应激反应。

在发热的时候，身体为了对抗病菌，下丘脑会发出信号使身体进一步发热，从而试图杀死有害病菌。其生理反应过程为：身体使靠近皮肤的皮下血管收缩，同时其他血管舒张，让血液流向感染部位。由于血液远离了外部表层皮肤，使散热减少，人就会感觉到冷。感到浑身发冷时还常常会全身发抖，那是由于增加肌肉活动可以增加身体热量，以及立毛肌收缩的结果。热量产生增多，散热就少，经过一段时间体内热量积累超过平时的状态，体温就会升高，这就是发热。等到产生的热量与发散的热量达到平衡时，皮肤血管扩张，全身肌肉松弛以及大量出汗，热量就会发散出去，体温才能恢复正常。

▶发热生病时就要多休息

剧烈运动后肌肉酸痛是怎么回事？

不常锻炼的人进行较剧烈的运动后，局部肌肉会疼痛，这与肌肉内部的能量代谢有关。

人体各种形式的运动主要靠肌肉的收缩来完成。肌肉收缩需要能量，这些能量主要依靠肌肉组织中的糖类物质分解来提供。在氧气充足的情况下，如人体处于静息状态时，肌肉中的糖类物质直接分解成二氧化碳和水，释放出大量能量。但人体在剧烈活动时，骨骼肌急需大量的能量，尽管此时呼吸运动和血液循环都大大加强了，可仍然不能满足肌肉组织对氧的需求，致使肌肉处于暂时缺氧状态，结果糖类物质分解出乳酸，释放的能量也比较少。乳酸在肌肉内大量堆积，便刺激肌肉块中的神经末梢产生酸痛感觉；乳酸的积聚又使肌肉内的渗透压增大，导致肌肉组织内吸收较多的水分而产生局部肿胀。

▶ 剧烈的运动会引起肌肉酸痛

肚子饿了为何会"咕咕"叫?

我们都有肚子饿得咕咕叫的时候,那么为什么饥饿会导致肚子的鸣叫呢?

这是因为之前吃进的食物快消化完了,胃里空空的,但胃中的胃液仍会继续分泌。这时候胃的收缩便会逐渐增强,在胃的激烈收缩下,胃中的液体和气体便被挤压得东跑西窜,从而发出声音。肚子咕咕叫就表示你需要进食了。

▶食物味美,但不可多吃

被蚊子叮咬怎么那么痒？

炎热夏季被蚊子叮咬后，会感到皮肤十分痒，若忍不住搔抓，叮咬处就会迅速肿胀。其实，这是人的身体对抗蚊子叮咬的应激反应。

吸食人血液的是雌蚊子，它们需要靠血液来繁殖后代。当蚊子用口器刺破人的皮肤时，会向人的皮肤中注入它的唾液，由于其中含有一种抗凝血剂，可以帮助蚊子更快地吸取血液。当蚊子飞走后，其唾液还会存留在人体中，为了进行自我保护，人体的免疫系统就会产生各种不同抗体来对抗蚊子唾液中的抗原，接着免疫系统还会释放一种名为组织胺的蛋白质，以对抗入侵者。组织胺是一种会引起皮肤发炎的氮化合物，这样在叮咬处就会形成一个淡红色、痒痒的肿块。如果进行搔抓，免疫系统就认为需要更多的抗体来消除外来的抗原，抓得越狠，肿得就越严重。

▶被蚊子叮咬后的皮肤会有痒、肿症状

指甲为何能不停地生长？

　　指甲需要定期修剪，过长就会积存细菌，且不利于手部的活动。为什么指甲经不断修剪却还能不停地生长呢？

　　人的手指甲是由一种硬角蛋白组成的，是从表皮细胞演变出来的。在指甲的根部，有一个呈半月形的白色区域，叫作甲根，这里是指甲的生产工厂。甲根不断地制造角质蛋白细胞，角质蛋白细胞从出生到死亡，每时每刻都在进行着新陈代谢，指甲就是由这些死亡的角质蛋白细胞构成的。当新的角质蛋白细胞产生时，会将指甲向外推出，所以指甲就能够不停地生长。

▶指甲也能为美丽加分

　　指甲有保护手指头的功能，可使手在活动时不致碰伤柔软的尖端。正常情况下，手指甲大约以每天0.1毫米的速度生长着。

知识链接

健康指甲的特征

　　健康指甲甲色均匀，呈淡粉红色；甲质坚韧，软硬适度，不易折断；表面光滑，有光泽；指甲根部的甲半月（俗称月牙）占指甲的五分之一，以乳白色为宜。此外，指甲边缘整齐、指甲无分层等也是指甲健康的特征。

眨眼睛有什么作用？

正常人的眼皮，每分钟大约要眨动15次。眨眼对眼睛有很多好处：首先，它可以起到清洁和湿润眼球的作用；其次，眨眼睛可以起到保护眼睛的作用，当风沙或飞虫接近眼睛的时候，眼皮会自然眨动，这就挡住了沙粒和虫子。此外，当眼睛感到疲劳的时候，眨动几下就会觉得舒适一些。这是因为眨眼睛的一瞬间光线被阻断了，眼睛可以得到短暂的休息。

有的人特别爱眨眼睛，这会造成眼睛过于劳累，从而影响视力。产生这种毛病的主要原因是患有某些眼病，眼睛为减轻不舒适的感觉，只好加快眨动的频率，时间一长就养成爱眨眼的习惯了，眼病治好后仍然可能留下爱眨眼的毛病。

爱眨眼并不是病，如果没有不舒适的感觉就不需要治疗，只需克制，尽量减少眨眼的次数，过一段时间就会好转。如果在爱眨眼的同时，还有怕光、流泪、视力下降等症状，就应及时到医院诊治。

67

▶人眼皮在眨动时有清洁眼球的作用

伤口愈合时为什么会痒？

人的皮肤分为多层，在表皮的最底层细胞叫生发层，它的生命力很强，能不断地生长繁殖。表皮损伤的浅伤口就是靠生发层长好的，神经不会受到刺激，这种伤口愈合时，一般不会有痒的感觉。但是伤口较大、深达真皮的伤口将要愈合时常会发痒。这是因为较深伤口的愈合是由一种新的组织补上去的，这种新的组织叫结缔组织。新生的血管和神经都要长出结缔组织，这些新生的血管和神经特别密，血管和神经挤在一起，新生的神经容易受到刺激，而且神经非常敏感，所以就会产生痒的感觉。

▶较深的伤口愈合时会有发痒的感觉

知识链接

皮　肤

皮肤是人体最外面的一层组织结构，是人体最大的一个器官。既是神经系统的感觉器，又是效应器，冷、热、疼、情绪变化等机械和化学性刺激都反射性地引起皮肤血管收缩或舒张、立毛肌收缩、汗腺分泌、皮肤毛细血管通透性的改变等。所以，人们常说皮肤疾病可反映内脏和血液系统的变化。

皮肤碰伤后又青又紫是怎么回事?

　　碰伤后的皮肤会出现青紫色是因为表皮下脆弱的毛细血管受到挤压而破裂，血液流到血管外而出现瘀血、肿胀，压迫并刺激神经，使人感到疼痛。乌青块通常发生在肌肉比较少，缺乏缓冲作用的"皮包骨头"的部位，如头顶、前额、膝盖、脚背等处。

　　乌青块里的瘀血是鲜红色的，可是光线通过皮肤组织再被反射到表面就呈现出青紫色的肿块。

　　因为感到疼痛，我们会使劲揉搓乌青块。这种做法只会加剧毛细血管的破裂，增加出血量，使乌青块变大，是不可取的。正确的方法是：在受伤处覆盖冷的湿毛巾，冷敷可以促使血管收缩，减少出血，并减轻痛感；24小时后再用热毛巾敷于受伤处，这时血管已经不再出血，热敷可以促进瘀血吸收。

　　一般情况下，白细胞会很快聚集到乌青块中来"收拾残局"，吞噬各种细胞碎片，几天内肿胀就会慢慢退去，颜色也能恢复正常。

69

▶皮肤出现损伤的青紫现象

▶适当的休息可以缓解眼跳的症状

眼皮跳动是怎么回事？

我们俗称的眼皮就是解剖学意义上的"眼睑"。眼睑内有两种肌肉：一种叫作"眼轮匝肌"，其形状似车轮，环绕着眼睛，当它收缩时眼睑就闭合；另一种肌肉叫作"提上睑肌"，它收缩时眼睑就睁开。这两种肌肉的不断收缩和放松，使眼睛能睁开和闭合。然而，一旦受到某种因素的刺激，这两种肌肉兴奋就产生了反复的收缩，甚至痉挛或颤动，人们就会明显地感觉到眼皮在不由自主地跳动，难以控制，这就是眼皮跳。

最常见的导致眼皮跳的原因是用眼过度，造成眼睛疲劳，或劳累、精神过度紧张等。比如，使用电脑时间太长，在强光或弱光下用眼太久，考试前精神压力过大等，都可能使眼皮乏力而不由自主地跳起来。此时，只要稍作休息，闭目养神，症状就会自然消失，不必紧张或烦恼。

人老后变矮是怎么回事？

人在进入老年之后，不仅皱纹多了，头发白了，身高也会出现明显的下降。特别是身材高大的人，年老之后身高下降得更为明显。据调查，一般80岁以上的人身高会比年轻时下降10～15厘米。为什么人老后会变矮呢？

其实，老年人身高降低的主要原因是脊柱缩短。人老后人体的各项功能出现了老化，影响了椎间盘的厚度。随着人年龄的增长，椎间盘会逐渐发生退行性变化，这种变化主要表现为由于软骨细胞基质中黏多糖蛋白

▶人进入老年之后，身高会出现明显的下降

的作用使水分减少，甚至出现钙盐的沉积。因为软骨没有血管，其营养来源依靠基质的渗透和扩散作用来提供。但由于基质的变性，软骨细胞的营养来源受到影响，软骨细胞出现退化或死亡，基质生成的压力就使椎间盘慢慢变薄。虽然性激素可促使软骨纤维生成，但是老年人性腺功能减退，软骨生长就会变慢，无法改变椎间盘变薄的趋势。所以老年人变矮主要是躯干缩短明显，但四肢缩短很少。

夜晚磨牙是怎么回事儿？

有些人晚上睡觉时牙齿会不由自主地互相摩擦，并发出刺耳的声音，这就是我们常说的"磨牙"。那么，夜晚磨牙到底是怎么回事儿呢？

有的人磨牙是因为身体里的肠道寄生虫——蛔虫

▶ 睡觉磨牙可能是疾病的预警

和蛲虫所导致的。蛔虫是人体中最常见的寄生虫之一，尤其对于儿童来说更是如此。儿童平时稍不注意卫生，体内就会有蛔虫寄生。蛔虫寄生在人体小肠内，不仅掠夺人体的营养物质，还会刺激肠壁分泌毒素，引起消化不良或脐周围腹部隐隐作痛，以及出现失眠、烦躁和磨牙现象。还有蛲虫，蛲虫平时寄生在人体大肠内，当人入睡以后，它便悄悄地爬到肛门口产卵，引起肛门瘙痒难忍，使人夜寐不宁，也常常会出现磨牙。对于这种原因引起的夜晚磨牙，只要进行相应的驱虫治疗，往往就能够有效地消除磨牙。

有的人平时晚上并不磨牙，但如果临睡前刚看完恐怖紧张的电影或小说等，由于神经系统过于兴奋，也会出现夜间磨牙。有时晚上蒙被睡觉过久，因大脑组织中二氧化碳积聚和氧气供给不足，这种刺激也可引起夜间磨牙。所以，临睡前不宜看过于紧张的影视作品或文学读物，并注意睡眠卫生，不要蒙头睡觉。

还有的人则是由于饮食习惯不良、膳食分配不合理，以致入睡时胃肠道里还积存着大量未被消化的食物，整个消化系统还需被迫"加夜班"连续工作，甚至连咀嚼肌也被动员起来，会不由自主地收缩，从而引起磨牙。因此，晚餐不宜吃得过饱，并应注意饭后进行适当的活动。

part 5

未解之谜——特殊的人体

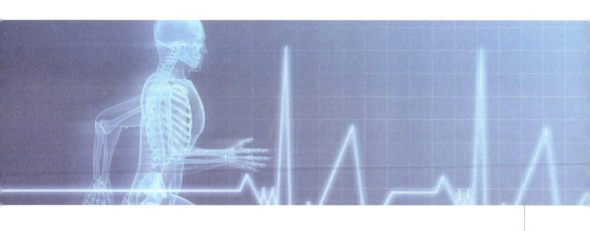

有天生没有指纹的人吗?

我们每个人的手上都长着密密麻麻、凹凸不平的指纹，每个人的指纹都是有区别的，相同指纹的概率是六十亿分之一。也就是说，这个世界上没有两个指纹完全相同的人。然而，令人吃惊的是，世界上竟然还有没有指纹的家族。

▶指纹可增加摩擦力，便于人们拿握工具

无指纹病是指手指和脚趾都没有指纹。无指纹的人通常身体无法排汗，意味着任何一个热天或者剧烈的活动都会让患者中暑。这种疾病通常由家族中的女性遗传给下一代，患者除了没有指纹和无法排汗之外，通常还表现出多种不同症状，如头发稀疏、没有牙齿、指甲易断、皮肤上有色素沉着等。

科学家解释说，我们手指和脚趾的纹络（也就是指纹）在胎儿发育11周时开始形成，但是如果此时发生了特别的基因变异，那么身体就永远也不会制造出形成指纹的信号，结果就造成了一部分人的网状色素性皮病。

特别的例子是：居于我国台湾宜兰县宜兰市的黄氏家族都没有指纹，但却身体健康。他们不仅排汗正常，而且也没有什么其他不良症状出现。对于这种情况，还有待于医学专家们进一步研究。

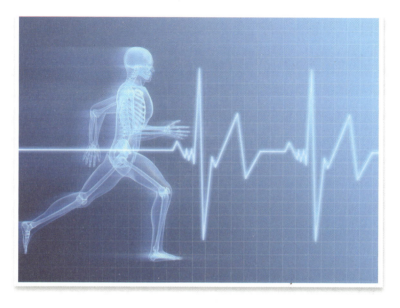

▶ 人体存有肉眼看不见的辉光

人体辉光是怎么回事儿？

夜晚萤火虫会发出一闪一闪的光芒，非常漂亮。其实人体也会发光，而且每个人都会发光。根据生物体不同的生态、体质与性状以及不同的生化反应，有生命的生物体会发出色谱不同和强度有别的彩光，科学家称之为"生命辉光"。

自从1911年英国一名叫华尔德·基尔纳的医生发现人体辉光之后，辉光就引起了科学界的广泛关注。每个人都有辉光，一般人所发出的辉光只有20毫米左右，通常由于我们处在一般的生活环境中，所以不易被人眼看到。实验表明，人体辉光的颜色和形状会根据人的健康状况、生理和心理活动等发生变化。通常，青壮年的光晕比老人和婴儿明亮，身体健壮者比体弱者明亮，运动员比一般人明亮。日本医学界认为，通过对人体的生物光检测，可以得出人体新陈代谢的平衡关系，而且可以通过光的变化来测定病人新陈代谢的异常和人体的内在节律。另外，有人还想把它应用到犯罪学上，譬如在对犯人进行审问时，可以根据辉光的变化测出该罪犯是否说谎等。

　　对于人体辉光的来历，虽然众说纷纭，但终究还是个没有解开的谜。辉光以其特殊的魅力吸引着众多的科学家为之探索。

知识链接

人体辉光的特点

　　经过几十年的研究，人们认识到凡是活的生物体周围都有以一定节奏脉动着的彩色光环和光点。每个人自呱呱坠地至离开人世间，始终都在发射这种超微弱冷光。它会随着人的年龄增长、健康状况的变化，以及饥饿、睡眠等生理变化而发生相应的改变。当人死亡一段时间后，其光环即行消失。

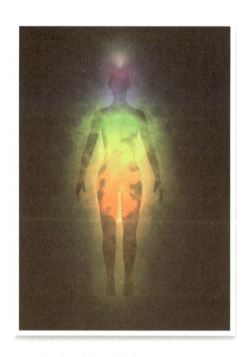

▶人体辉光至今是一个未解之谜

人体真的会自燃吗?

人体自燃现象，是指一个人的身体在并没有与外界火种接触的情况下而自行起火燃烧的现象。这种不可思议的现象，最早见于17世纪的医疗报告中，在20世纪、21世纪也都有人体自燃现象出现。人体自燃是怎么回事儿呢?

针对全球多例人体自燃现象，研究者发现死者大部分都是女性，且往往身材肥胖，有酗酒的恶习。

▶燃烧若发于人体将是十分可怕的

自燃经常发生于饮酒之后，四肢通常未被烧毁，而躯干被烧的程度最严重，有的甚至被完全烧毁，骨头被烧成了灰烬。火势局限于人体和附近，而没有蔓延开去，周围的家具一般未受损或损害不大。

针对人体自燃现象，目前科学界最为普遍的解释是"灯芯效应"：酒醉或昏睡的人穿的衣服被火点燃，皮肤被烧得脱落，皮下脂肪熔化、流出，衣服被液化脂肪浸湿后成了"灯芯"，而体内的脂肪就像是"蜡"，源源不断地提供燃烧的燃料，于是尸体就像蜡烛一样慢慢地燃烧起来，直到所有的脂肪组织都被烧完为止。妇女和身材肥胖的人体内脂肪含量高，容易成为"人体自燃"的牺牲品。多余的脂肪通常储存于躯干和大腿，因此这部分的烧毁程度最严重。

有人认为"灯芯效应"并不能解释清楚人体自燃的现象，因为它没有揭示出人体自燃的真正原因。所以，对于人体自燃的问题，研究者仍在寻求一种科学而合理的解释。

"镜面人"是怎样的一类人？

每个人的内脏都有固定的位置，各司其职。然而，有些人却奇怪得很，其内脏长得左右相反，医学上把这种现象叫作"镜面人"。

"镜面人"的心脏、肝脏、脾脏、胆等器官的位置与正常人相反，心脏、脾脏在右边，肝脏位于左边，心脏、肝脏、脾脏的位置好像是正常脏器的镜中像。有医学专家认为，"镜面人"是在人体胚胎发育过程中，与父母体内基因的一个位点同时出现突变有关，只有父母两人的这种突变基因同时遗传给孩子，孩子才会成为"镜面人"，而且这种突变是隐性遗传的，所以遗传概率很低。"镜面人"的出现概率仅为百万分之一。至于基因突变的原因，目前医学上还没有科学定论，对于"镜面人"现象的成因还需要科学家们进一步的研究。

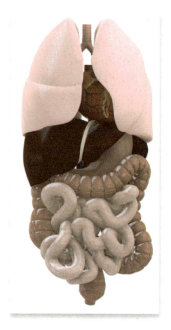

▶ 人体内脏图

知识链接

突变基因

基因虽然十分稳定，能在细胞分裂时精确地复制自己，但这种稳定性是相对的。在一定的条件下，基因也可以从原来的存在形式突然改变成另一种新的存在形式，即在一个位点上突然出现了一个新基因，代替了原有的基因，这个基因就叫作突变基因。

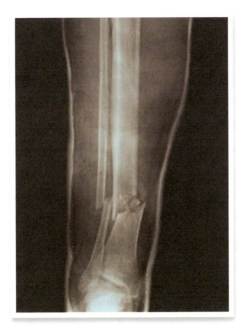

▶手脚骨折对"玻璃人"而言是常事

▎"玻璃人"为什么容易骨折？

　　"玻璃人"的定义是借玻璃易碎的特性来比喻易于受伤的人，尤指因为先天体质的原因频繁受伤且伤愈后又很容易旧伤复发者。

　　在正常人看来普通的磕磕碰碰，对"玻璃人"却是非常危险的。部分"玻璃人"甚至脆弱到咳嗽一声就会骨折，手脚不小心碰到硬物就能折断。易于骨折的病症给这些人带来了极大的痛苦。对此病症产生的原因，有科学家认为是由于成骨不全造成的，属于一种因先天遗传性缺陷而引起的胶原纤维病变，可导致患者骨质薄脆，像玻璃一样经不起碰撞。但是，目前这一说法还没有充足的证据来证实，因此该病的成因依然是一个令人费解的谜团。

双胞胎村在哪里？

双胞胎的出现并没有什么稀奇，然而多对双胞胎出现在同一个地方，那就十分罕见了。

在济南市历城区仲宫镇有一个远近闻名的双胞胎村，叫核桃园村。约从1960年开始，此村庄的双胞胎不断诞生。全村有近450户人家，其中双胞胎就有20多对，也就是平均每20户人家就有1对双胞胎。在村庄中甚至还有一户人家的祖孙四代都有双胞胎。这样高的比例十分罕见，经媒体报道后曾一度引起轰动。

村民们都没有做过激素注射，这里的双胞胎都是自然孕育的。一般来说，双胞胎的出现概率为1%～2%，核桃园村的双胞胎出现率如此之高究竟是怎么造成的还有待科学家进一步的研究。

▶ 可爱的双胞胎

▶无论是胶片还是数码相机，有些人就是无法留下影像

世界上有照相照不上的人吗？

每个人都喜欢拍照片，让照片留下生命中每一个美好的瞬间。但是在科学发达的今天，竟然有人用极其先进的照相机也拍不出自己的照片，因为无论怎么拍，他们都不会在照相机中留下任何影像。

在阿尔及利亚以东的提济乌祖市，有一位名叫哈利马·巴德科弗的妇女就是这样的人，她所有的证件上都没有贴照片，其亲属们的合影中也没有她的任何留影。有人通过对照相机成像原理进行分析，认为一般在拍照的时候，都是由于人体发出的反射光进入了照相机的镜头，然后再经过各种程序的处理，最后才能成像。这位妇女无法成像有可能是因为她自身发出的反射光无法进入照相机镜头的原因。但是，为什么只有她发出的反射光无法进入照相机镜头呢？科学家们对此也无法做出合理的解释，因此我们只能期待更先进的科学技术来揭开这个谜团了。

你听说过"人体磁铁"吗？

磁铁可以吸附某些金属，是因为磁铁具有磁力。然而，有些怪人也具有磁性，甚至其产生的磁力比磁铁都厉害，不仅可以吸附金属，还可以吸附非金属之类的物体，堪称一绝。

在罗马尼亚，有一名男子被称作"人体磁铁"，因为他的皮肤能够吸附起任何东西，不管是金属还是木头，甚至连瓷盆都可以被吸起。

"人体磁铁"现象显然违反了物理学法则，因为只有铁和钴、镍等金属才具有磁性。而且人体内并不包含太多的金属，铁虽然是人体中含量最高的金属，但每个人体内的含铁量加起来也只有两枚钉子大，这么少的铁是绝对做不成磁铁的。所以，对于"人体磁铁"的奇怪现象，目前还没有定论，作为一个谜团，还需要我们继续研究。

▶铁矿石

世界上有头上长角的怪人吗？

每个人都向往拥有美丽的容颜，长相奇特往往会被认为是异类。有些人就长得非常特别，会在头上长犄角，在身上长刺针，而且人头上长犄角的事在古今中外都有记载。

在我国晋朝的《华阳国志》、明朝的《玉芝堂谈荟》中都曾记载有头上长角的患者；在近些年，我国各地也有长角的病人出现。不仅如此，国外也陆续发现了一些这样的怪人。这些头上长角的怪人，有的像牛羊那样长有双角，有的长有一只角，而且这些角的位置并不固定，有前有后，有的就长在头顶中央。

对于这些稀奇古怪的犄角，科学家们做了大量的研究。有人认为，人体长犄角可能是由基因突变导致的，但长犄角的现象仅仅是特例，这种观点并不能对所有患者做出合理的解释。在医学界有人认为，这是一种皮肤高度角化症，但为什么有些人的皮肤会高度角化呢？目前原因仍不清楚。

▶人头上若跟牛一样长有犄角则是一种病症

"返老还童"真的存在吗?

时光流逝，青春一去不复返。即便现在有很多高级化妆品及整容之术，容颜仍禁不住会逐渐老去。然而，有的人却出现了真正的返老还童现象，青春在他们的身上驻足，这是怎么回事儿呢?

▶ 返老还童

在我国湖南省衡阳县曾有一名老先生，在97岁的时候长出了两颗新牙，且满头雪白的头发和眉毛也从发根处逐渐变黑，这种神奇的"返老还童"现象震惊了邻里亲朋。不仅在我国，在丹麦也曾有一位妇女出现了"返老还童"的现象。这名妇女在52岁的时候看上去就像18岁的少女，且她的内脏与年轻人的不相上下，岁月似乎并没有在她身上留下任何痕迹。

有人认为，出现"返老还童"现象的人体内含有抗衰老物质，可是科学家并没有找到这种神奇的物质。也有人猜测，人体脑下垂体的"死亡激素"会使人衰老，若能抑制其分泌，衰老就会得到控制。然而遗憾的是，人类还没有找到这种"死亡激素"。

"返老还童"现象至今依然是一个争论不休的话题，或许将来会解开谜团，到那时我们就可以真正实现"长生不老"了。

人能不能一直不睡觉？

睡觉是人正常的生理需要，如果有人连续几天不眠不休，身体和精力就很可能会支撑不住。然而，世界之大无奇不有，在印度尼西亚的巴厘岛上就有一个40多年不睡觉的怪人，他的名字叫基杜尔。第二次世界大战期间，基杜尔曾经作为民防队员奉命看守4名日本战俘，并连续5天5夜没有合眼。奇怪的是，从此以后，他竟失去了睡眠功能，再也没有睡过觉。每到深夜别人入睡时，他就去看戏、阅读报刊、收听广播、学习英文、弹钢琴或吉他，以打发漫长的黑夜。天亮以后，他照样到田里干活。基杜尔很少生病，他有18个子女。许多心理学家和医生，甚至巫婆、神汉等都给他进行过治疗，其中包括药物治疗、理疗、针灸、念咒作法等，可这些治疗都不奏效，人们也无法知道他为什么可以一直不睡觉。

▶ 睡眠是人类不可缺少的一种生理现象

▶多数海豚用回声定位捕捉猎物

世界上有依靠回声就能定位的人吗？

　　人们定位通常是用眼睛看、用耳朵听，可你听说过依靠回声来定位的人吗？英国盲童德里奇就能依靠回声来定位。虽然小德里奇双目失明，可他却能像蝙蝠和海豚一样靠回声来"视物"。

　　蝙蝠和海豚可以在每秒内发出数百下"咔嗒"声，它们通过声波撞上物体后的回声来辨别猎物的位置。当然，由于人发出的声音相比蝙蝠和海豚间隔的时间长、频率低，所以通过"回声定位法"只能识别较大的物体，而无法像蝙蝠那样可以识别出"一只蚊子"。而德里奇依靠"舌头"，即使在人流如织的大街上也能行走自如，不会撞上其他行人或电线杆，他也因此被人们称为是"海豚儿童"。

人体的潜力到底有多大？

在苏联时期，一架飞机在某地迫降，正当飞行员察看飞机起落架的时候，一只白熊突然抓住了他的肩头。情急之下，飞行员竟然一跃跳上了离地大约两米高的机翼！而且他是穿着笨重的皮靴、厚厚的大衣、肥大的裤子跳上去的！无独有偶，有一位中年妇女在火灾中竟然把一个柞木柜从三楼搬到了楼下，而事后是由三位壮汉才把柜子挪回原处的。那么，为什么飞行员能够跳得那么高，那位妇女的力气又是从哪来的呢？

经研究表明，人体中蕴藏着很大的潜力。这种潜力不仅能在危急情况下表现出来，也能在紧张的劳动和体育运动中表现出来。研究还发现，人不仅具有巨大的潜在体能，还有巨大的大脑潜力。研究者认为人体具有巨大的潜力，如果一个人能够发挥其大脑的一半功能，就可以轻易学会40种语言、背诵下来整套百科全书、取得12个博士学位……现在，有关人体潜力的问题已经形成了一门新兴的学科——人体最大潜力学，在未来我们将能够用科学的方法来开发自己的潜力。

▶ 踢足球的男孩